Auteur: Gil FERRE
Illustrateur: Patrick Zoroddu

ISBN N° 978-2-930821-09-2

Dépôt légal : 1er trimestre 2015

Retrouvailles au cirque

Gil Ferré

Patrick Zoroddu

Ce matin Zeus, le grand Danois, fut réveillé subitement par un grand vacarme dans le jardin.

Il s'empressa de sortir pour voir ce qui se passait et fut étonné de voir tous les compagnons du jardin qui entouraient, dans une pagaille grondante, un petit éléphanteau. Même le Grand Duc, qui était en visite chez ses amis du jardin, était là.

— Mais que se passe-t-il ici ? questionna Zeus, et qui est cet éléphanteau ? Qu'est ce qu'il fait ici ?

Plusieurs voix s'élevèrent en chœur, s'ajoutant au vacarme.

— Du calme, du calme ! Tonna Zeus, et taisez-vous un peu.
Il s'adressa ensuite à l'éléphanteau qui essayait de se faire tout petit et lui posa gentiment la question: qui es-tu et que fais-tu ici, petit ?
— Je m'appelle Pallino, expliqua l'éléphanteau, d'une voix faible, presque en larmes.
—Bien Pallino, reprit Zeus doucement, comment es-tu arrivé ici ?

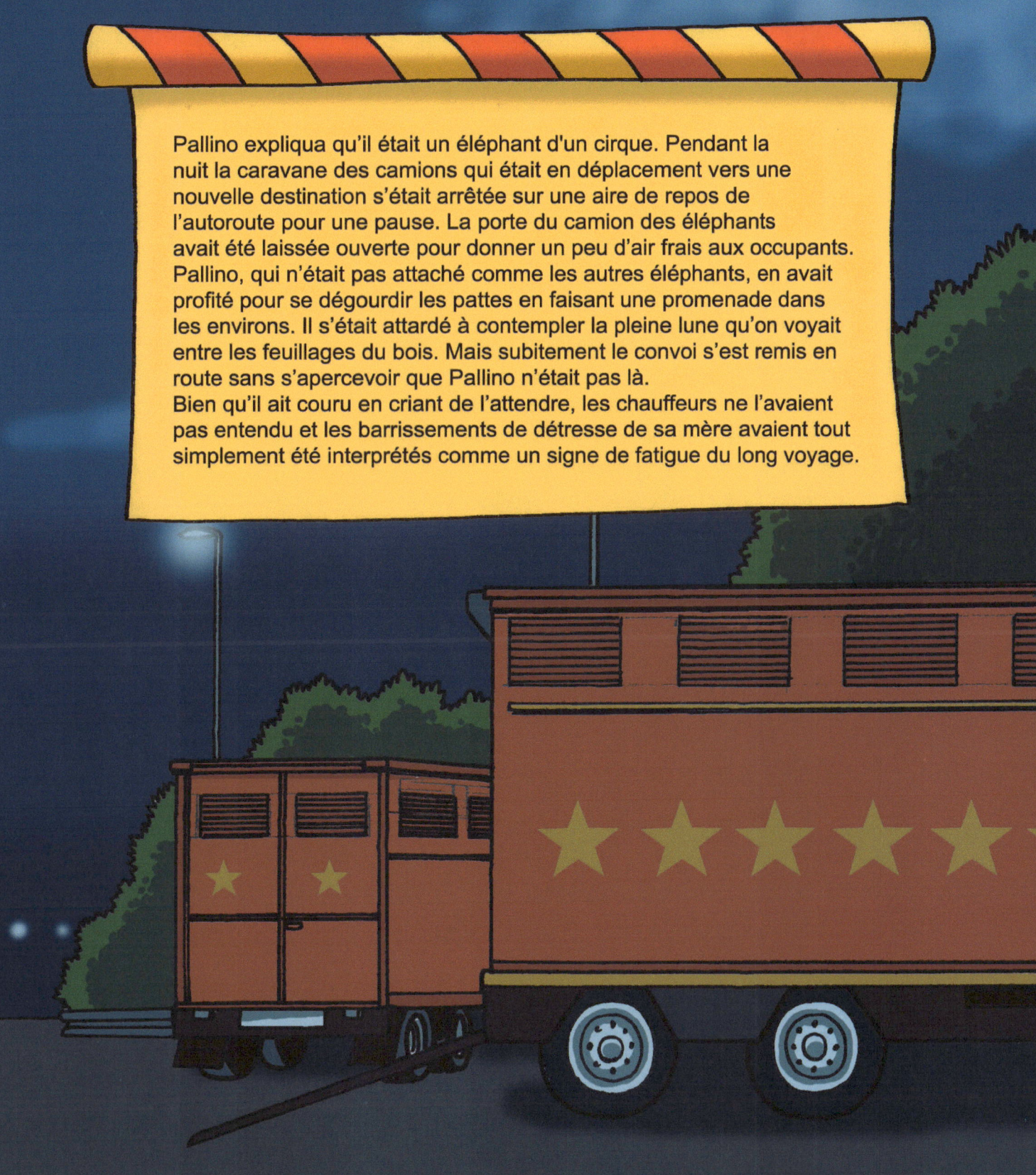

Pallino expliqua qu'il était un éléphant d'un cirque. Pendant la nuit la caravane des camions qui était en déplacement vers une nouvelle destination s'était arrêtée sur une aire de repos de l'autoroute pour une pause. La porte du camion des éléphants avait été laissée ouverte pour donner un peu d'air frais aux occupants. Pallino, qui n'était pas attaché comme les autres éléphants, en avait profité pour se dégourdir les pattes en faisant une promenade dans les environs. Il s'était attardé à contempler la pleine lune qu'on voyait entre les feuillages du bois. Mais subitement le convoi s'est remis en route sans s'apercevoir que Pallino n'était pas là.

Bien qu'il ait couru en criant de l'attendre, les chauffeurs ne l'avaient pas entendu et les barrissements de détresse de sa mère avaient tout simplement été interprétés comme un signe de fatigue du long voyage.

Le convoi avait disparu dans la nuit en le laissant tout seul sur le parking. Il avait erré quelques temps près de l'autoroute avant d'arriver finalement au jardin, au lever du jour, et c'est comme ça qu'il était là.

— Mon pauvre petit, le consola Gisèle la pigeonne, ne t'en fais pas. Ici tu es entre amis et on va t'aider à retrouver ta maman.

— Mais bien sûr, enchaina Ramon la taupe, on va tous t'aider à retrouver ton cirque.

L'éléphanteau expliqua que le lieu où le cirque devait se rendre était un village proche.

— Eh bien, cela facilitera les choses, exclama Gaspard, le pigeon voyageur. Tous les compagnons du jardin convinrent d'aider Pallino à retrouver sa mère.

Mais Pallino ne voulait pas que le patron du cirque s'aperçoive de sa disparition de peur de se retrouver avec des chaines aux chevilles comme les autres éléphants.

— On va te ramener au cirque sans qu'ils ne sachent que tu avais disparu, déclara Gaspard. On va te camoufler et nous emprunterons des sentiers de campagne pour te conduire. Tu seras près de ta maman d'ici ce soir, c'est promis !
Les autres compagnons acquiescèrent et, sur suggestion de ce rusé de René le renard, décidèrent de camoufler Pallino en arbuste et de le transporter avec un petit charriot.
Aussitôt dit aussitôt fait, Pallino fut vite camouflé avec des feuillages et mis sur un charriot.
Tout le monde s'empressa de tirer ou pousser le chariot sur un chemin de terre battue qui traversait la campagne.

Le groupe avait fait quelques centaines de mètres à peine, qu'un gros chien molosse aux mâchoires puissantes et le regard de feux leur barra le chemin.
— Qu'est-ce que vous faites là sur mon territoire ?
Interpella-t-il d'une voix rauque.
Que transportez-vous dans ce charriot ?

Zeus, le grand Danois, s'avança sans peur.

— Monsieur le molosse, dit-il en pesant ses mots, nous transportons un éléphanteau.

— Un éléphanteau ! S'exclama, surpris, le molosse. Laissez-moi voir !

Eh oui, c'est bien un éléphanteau. Où diable allez-vous l'amener? Sa voix s'était faite plus gentille.

Zeus lui expliqua comment l'éléphanteau s'était trouvé dans le jardin, après avoir perdu sa mère et comment le groupe des compagnons allait le reconduire auprès d'elle.

Au fur et mesure que Zeus expliquait la triste histoire de l'éléphanteau, le mastiff s'était adouci et à la fin du récit, s'exclama: bienvenue mes amis sur mes terres.

Je viens avec vous pour vous guider. Je connais bien les lieux et je peux aussi vous aider à pousser le chariot.

Ceci dit, il rejoignit le groupe pour pousser le chariot.
Afin de ne pas se faire repérer, le groupe dut choisir
des sentiers difficiles, d'autant plus qu'il fallait transporter
l'éléphanteau. Il arriva ainsi à une rivière qu'on devait
traverser sur une passerelle en bois.
— Là, il faudra faire attention, remarqua le mastiff.
Cette passerelle est pourrie et inutilisée depuis des années.
— On va tenter le coup, conclut Gaspard. Nous n'avons pas
le choix. Tout le monde se mit à pousser le chariot sur la passerelle
avec entrain.

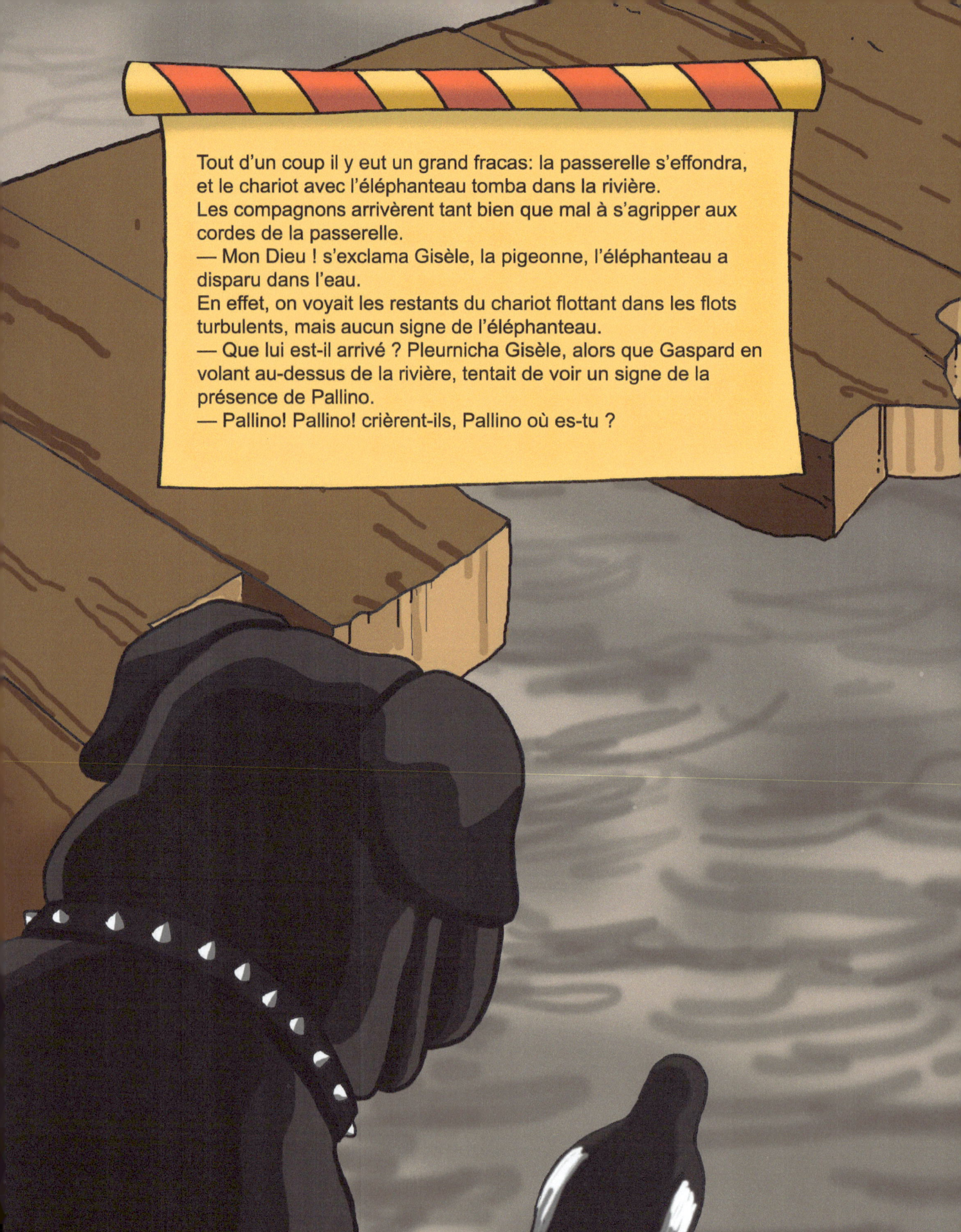

Tout d'un coup il y eut un grand fracas: la passerelle s'effondra, et le chariot avec l'éléphanteau tomba dans la rivière.

Les compagnons arrivèrent tant bien que mal à s'agripper aux cordes de la passerelle.

— Mon Dieu ! s'exclama Gisèle, la pigeonne, l'éléphanteau a disparu dans l'eau.

En effet, on voyait les restants du chariot flottant dans les flots turbulents, mais aucun signe de l'éléphanteau.

— Que lui est-il arrivé ? Pleurnicha Gisèle, alors que Gaspard en volant au-dessus de la rivière, tentait de voir un signe de la présence de Pallino.

— Pallino! Pallino! crièrent-ils, Pallino où es-tu ?

Mais aucune trace de Pallino: il avait disparu dans les flots.
Les compagnons, Zeus et le molosse en tête se précipitèrent
le long des berges de la rivière pour voir si Pallino émergeait
quelque part.
Gaspard angoissé, vola en aval de la passerelle écroulée.
— Là-bas, cria-t- il, là-bas il y a une digue.
Il est peut-être là-bas.

Tout le monde se précipita vers le point indiqué où il y avait effectivement une digue, faite de troncs et de branches d'arbres. Et Pallino était là entouré par des castors qui avaient construit la digue et qui avaient sorti Pallino de l'eau.

— Que le ciel te bénisse, s'éxclama Gisèle, tu es sain et sauf.

— Mais maintenant nous avons perdu le chariot, commenta René, le renard.

— Pour le transporter jusqu'au village il y a une solution, annonça le chef des castors.

— Ah, oui ? Et laquelle ? Questionna Gisèle inquiète.

— Le village est traversé par cette rivière, expliqua le chef des castors. On va mettre l'éléphanteau à califourchon sur un tronc et en le faisant flotter sur l'eau on va l'amener ainsi jusque là.

— L'idée parait bonne, commenta René.

Rapidement les castors amenèrent un gros arbre, installèrent
Pallino à califourchon et en poussant le tronc dans l'eau, ils
descendirent la rivière.
Les compagnons du jardin suivirent le voyage du tronc flottant
le long du bord en s'ouvrant un chemin dans les buissons.
Après quelques centaines de mètres, le convoi flottant arriva à
l'entrée du village.
Les castors aidèrent l'éléphanteau à sortir de l'eau et lui
souhaitèrent bonne chance.
Les compagnons remercièrent les bâtisseurs de digues qui s'en
retournèrent à leurs travaux sur la rivière.

— Bien, maintenant qu'on est là, dit Zeus, il faudrait savoir où le cirque campe.

— Je m'en occupe, déclara résolument Gaspard, je fais un petit vol de reconnaissance et je vais voir ou le cirque s'est installé. Sans attendre il s'envola en direction du centre du village. Entretemps René le renard avait repéré dans un coin un tas de déchets parmi lesquels il avait déniché une vieille couverture qu'il ramena.

— On va le cacher avec cette couverture, déclara-t-il, en mettant la vieille couverture usée sur le dos de Pallino. Ainsi il sera méconnaissable.

— Et pour compléter le déguisement, ajouta le Grand Duc, je vais m'installer sur sa tête.

— J'ai trouvé le cirque, s'écria Gaspard qui entretemps était revenu de sa tournée de repérage. Heureusement il n'est pas loin d'ici. C'est sur une grande place à côté. On y sera en cinq minutes.

Le groupe se mit en marche entourant Pallino sous sa couverture, avec le Grand Duc sur la tête, les ailes déployées et ses yeux jaunes phosphorescents grands ouverts.

Pallino ainsi déguisé avait l'air d'un dragon effrayant. En plus Gisèle et Iris la pie s'étaient introduites sous la couverture qu'ils agitaient et qui flottait d'une façon menaçante.

C'était en effet un drôle de spectacle !

Ils avaient à peine fait quelques pas que la porte d'un bar de la rue s'ouvrit et deux hommes bien éméchés en sortirent en chahutant. Ils s'arrêtèrent net, muets et effrayés à la vue de cette scène étrange formée par Pallino et les compagnons. L'effrayante créature avec ses énormes yeux jaunes aux ailes immenses ondoyantes et flottantes avançait vers eux dans la rue. Les deux hommes s'étreignirent dans un mouvement de panique.

— Écoute, mon pote, tu vois ce que je te dis ? Murmura en mangeant ses mots un des deux hommes d'une voix pâteuse.
— Je le vois même double ! C'est un dragon celui-là, lui répondit son compagnon, c'est un dingue de dragon, je te le jure.
— J'ai besoin de m'éclaircir les idées, conclut le premier en se frottant les yeux, rentrons boire un coup.
Et ils se précipitèrent à nouveau dans le bar pour boire encore un coup afin de se remettre de leur frayeur.

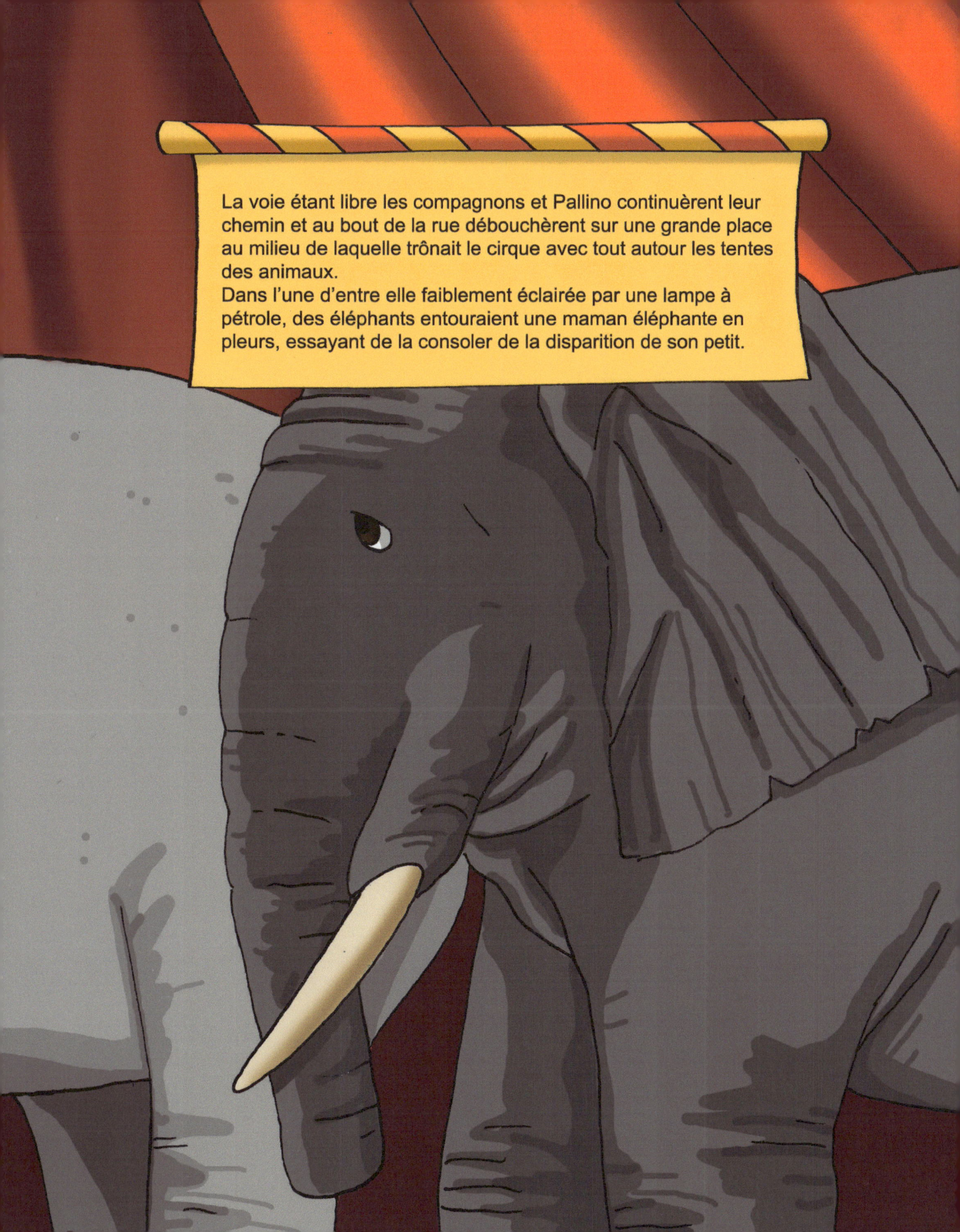

La voie étant libre les compagnons et Pallino continuèrent leur chemin et au bout de la rue débouchèrent sur une grande place au milieu de laquelle trônait le cirque avec tout autour les tentes des animaux.

Dans l'une d'entre elle faiblement éclairée par une lampe à pétrole, des éléphants entouraient une maman éléphante en pleurs, essayant de la consoler de la disparition de son petit.

— Ne pleurez plus ! annonça Zeus, qui était entré le premier dans la tente, votre petit est là sain et sauf.
Avec un grand geste théâtral Zeus enleva la couverture qui couvrait Pallino.
— Oooooh !!! S'exclamèrent les éléphants.

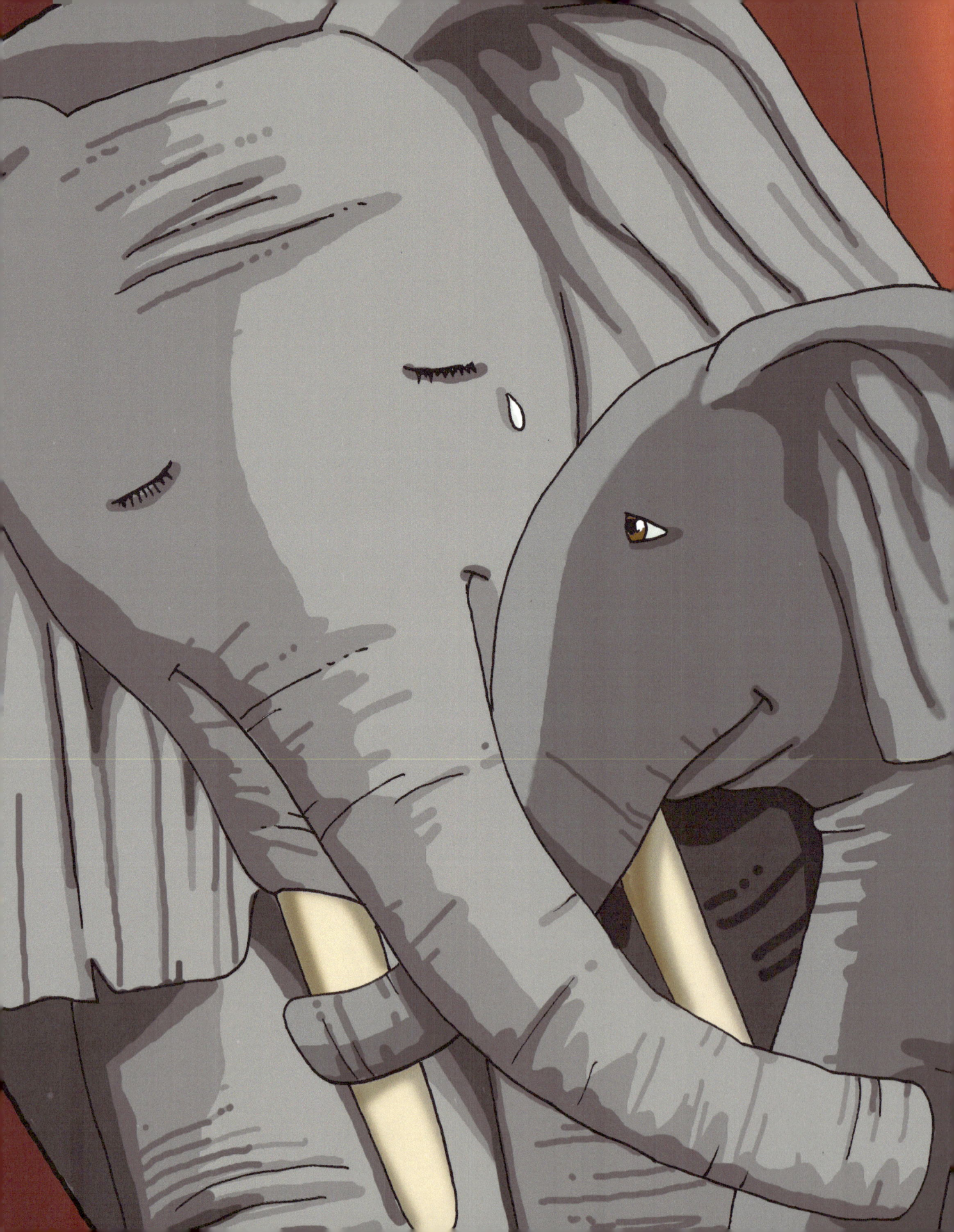

— Mon petit ! cria la maman de Pallino en se précipitant sur lui et en le couvrant de caresses avec sa trompe humide de larmes. Mon petit ! Quel bonheur ! Tu es là ! Elle n'avait plus de mots pour exprimer sa joie.

— Eh bien, pour nous c'est mission accomplie, annonça le Grand Duc, lui aussi avec une larme à l'œil. On va rentrer chez nous. Les compagnons le suivirent non sans avoir embrassé une dernière fois Pallino et sa maman qui rayonnait de joie du bonheur retrouvé.
Ils reprirent le chemin du retour en commentant les événements de la journée.

Mots difficiles

Vacarme: grand bruit, tumulte, tapage.

Grondant: qui gronde, qui fait entendre un bruit sourd et menaçant.

Barrissement: cri de l'éléphant.

Acquiescer: consentir, accepter.

Molosse: grand chien de garde, sans race spécifique, d'aspect particulièrement redoutable.

Du même auteur:

L'abeille bleue - Auteur : Gil Ferré, Co-auteure : Laura Marine,
Illustrateur : Julien Bringer. 2013

Le poulain bai - Auteur : Gil Ferré, Co-auteure : Laura Marine,
Illustrateur : Julien Bringer. 2013

L'oiseau qui ne chantait pas - Auteur : Gil Ferré, Co-auteure : Laura Marine,
Illustrateur: Julien Bringer. 2014

3 Histoires - Le papillon de velours. Le cerf-volant. L'Américain.
Auteur : Gil Ferré, Co-auteure : Laura Marine, Illustrateur : Julien Bringer.

Série « Le Jardin »
La Grotte des cristaux géants - Auteur : Gil Ferre
Illustrateur : Patrick Zorroddu
Plannum Scs 2014

Les Galets qui chantent - Auteur: Gil Ferre
Illustrateur: Patrick Zorroddu
Plannum Scs - 2014

GIL FERRE   auteur

Né en Italie, et résidant en Belgique, Gil Ferre est docteur-Ingénieur en Chimie. Après une carrière de scientifique auprès d'une Institution Européenne, Gil a toujours eu comme passion, la peinture et l'écriture. Celle-ci l'a amené à écrire de petites histoires pour enfants.
Doué d'une imagination débordante et d'une grande sensibilité, il écrit ces petits contes avec poésie alimentés par son expérience et son intérêt pour l'environnement, la nature et les animaux.
Les sujets de ses histoires se réfèrent souvent à des évènements d'actualité, qui peuvent ainsi être expliqués aux petits enfants et créer des prises de conscience.
Depuis 2012 ses histoires joliment illustrées sont publiées en ligne.

www.glferrero.com   www.facebook.com/gilferre

PATRICK ZORODDU   illustrateur

Artiste autodidacte né en 1972 près de Paris, Patrick Zoroddu dessine depuis l'enfance. Inspiré par des auteurs tels que Philippe Druillet, Moebius ou Enki Bilal, il développe au fil des années un style graphique personnel et très polyvalent qu'il exerce dans différents projets d'illustrations, de bande dessinée ou de story bord pour le cinéma. Son éclectisme et son grand talent de dessinateur animent avec verve et subtilité les personnages de ces petites histoires pour enfants.
Également artiste peintre, il expose ses œuvres régulièrement.

http://zoroddupatrick.wix.com/patrick-zoroddu